クリスチャン・エンディングノート
ガイド付き

水野 健

いのちのことば社

キリスト者の終活は、

自分の人生を静かに振り返ることから始まります。

そこに神の恵みを見いだすことができると、

「生きてきてよかった！」と思えるようになります。

人生を立ち止まって振り返ると、

神さまからのいつくしみと恵みとが追ってくるのを発見するでしょう。

そして、残された人生がさらに有意義なものとなることでしょう。

さあ、「終活」のスタートです。

祈 り

神さま、これから私の人生のまとめをします。
私の人生は神さまから与えられたかけがえのないものでした。
これから、自分の人生を振り返り、そこに恵みを見いだし、感謝をして、
残る生涯をさらに有意義なものにするためにこのエンディングノートを書きます。
神さまから預けられ、所有しているものを整理する力を与えてください。
自分の最期を思い浮かべる勇気と、その時の準備ができるように助けてください。
大切な人たちに残す愛の言葉を授けてください。
このエンディングノートを書く中で神さまのあわれみ、恵み、
これまでの数々の導きを発見できるように、さとりを与えてください。

ノートを書く前に……

1. キリスト者の終活とは

「いつかくる自分のこの地上の終わりを見据えて、これまでの人生を振り返り、そこに神の恵みを見つけ、残された日々をより有意義なものとすること。」

　現在、たくさんの終活の本とエンディングノートが出版されています。しかし、どの本を取ってみても、だいたい同じ内容になっています。葬儀社の人が話す終活は葬儀について、法律関係の人が話す終活は財産の整理について、老人施設、病院関係の人が話す終活は終末医療が中心になるかと思います。それぞれの分野があります。そのすべての分野を網羅することはできませんが、私がお伝えしているキリスト者の終活は、聖書の価値観を基盤にして、自分の人生をまとめていくことに焦点を当てています。

　キリスト者の死生観は、この地上においていのちは神さまから与えられた、限りあるもの、そして、死後は神さまの用意してくださったすばらしい御国に移される、ということです。ですから、死は終わりではなく、永遠のいのちへの通過点であると考えます。ちょうど、ドアを開けて隣の部屋に行くようなものです。決して死が終わりではありません。

　それでは、この世を去るまでに何ができるでしょうか？　神さまが私たちを置いてくださったこの地上を去る備え、与えてくださった残りの生活の整理、この世で幸いに生きたことの証しを残すことができます。そのためには準備が必要です。

2. 実際にエンディングノートを書くことは簡単ではない

　近年、多くのエンディングノートが出版されていますが、実際に購入した９割の人が書いていないと言われています。それはなぜなのか、考えてみたいと思います。

① 自分はすぐには死なないと思っている

近年の医療の発展はすばらしいものです。病気になっても治療できる場合も増えてきました。すぐに死を宣告されることが減ってきたので、死と向き合うことが難しくなっているのかもしれません。高齢の親が子どもたちに、「お父さんはそう長くないから」「お母さんもいつ召されても、いい歳だからね」とよく言います。では、本当にそう思っているのかというと、必ずしも真剣に考えているわけではありません。

② 書く機会を逃してしまう

　現在は、最期を迎える場所のほとんどが自宅ではなく病院です。介護が必要になると介護施設に入ります。病院、施設では生活が管理され、ベッドに横になる生活になります。書き物をする机もないし、書こうとする気力を失ってしまいます。そのような状況だと、ノートを書く機会自体がなくなってしまうのです。

③ 家で静まる時間をもつことが難しくなっている

　多くのご家庭では日常的にテレビがつけられ、若者はどこに行っても音楽を聴いたり、携帯やパソコンの画面を見たりしています。いつも何かの音が、私たちの周りに流れているのです。そのような環境では、心を静める時をもつことが困難です。

④ この地上の責任について疎(うと)くなっている

　キリスト者は、キリストの贖いによって天の御国に移されることを信じています。しかし、移される御国に心が向き、この地上での働き、任せられたものに、無関心になってしまうことがあります。主から預けられたものを、自分が去ったあと、遺族にすべて任せるのは無責任と言えないでしょうか。

3. エンディングノートを書くにはさまざまな力が必要

　一般の本では、終活には気力・体力・判断力の3つの力が必要だと言われています。しかし、この3つだけでは限界があります。

　物の整理には、「思いきり」。心の整理には、「静かな場所と静まりの心」。財産の整

理には、調べるための「根気」。葬儀の準備のためには、「想像力」。愛する人に最後に伝えたいことを書くには、「覚悟」が必要です。

① 静まりの心

　エンディングノートを書くためには、「静まりの心」が求められます。心と体は影響しています。体をリラックスする最も早い方法の一つは、呼吸を楽にすることです。体を楽にして、ゆっくり深い呼吸にしてみましょう。そうすることによって、思い煩い、心配から抜け出ることができます。心がリラックスしていると、過去の良かった事柄を思い出します。体が緊張しているとどうしても、後悔していること、悪い事柄を思い出します。人生の振り返りを聖霊に任せてみましょう。過去の良い思い出、意味あること、自分が変えられたこと、感謝なことを心から汲み出すことができます。

　楽しかったこと、感動したこと、失敗もあったでしょう。そこに神がおられました。すべてのことを働かせて益に変え、私たちを愛してくださっている父なる神と、私たちを導く主イエスさまがおられます。そして、私たちを助ける聖霊が導かれます。その神の交わりの中に入り、神が与えてくださる思いに任せていくのです。多くの恵み、感謝を見いだすことができれば、「生きてきてよかった」と思えるでしょう。

② 想像力

　自分の葬儀を自分で準備するには、想像力が必要です。一般には、「縁起でもない」と、死のこと、葬儀のことを考えるのを避けてしまいがちです。しかし、私たちにとって死は、永遠への入り口です。決して悪いもの、恐れるべきものではありません。

　ですから、神が与えられたこの世での生が終わるとき、死を受け入れ、それを許すことができます。そうすることで、自分の死と葬儀を想像できるようになるのです。キリストの贖いによって永遠のいのちが与えられたことにより、私たちは、いつか必ず来る死を、嫌な敵ではなく、親しい友として受け入れることもできます。

③ 覚　悟

　特に、愛する人への言葉、葬儀に来てくださった人へのあいさつは、その場で簡単

に書けるものではないでしょう。書く時を決めて、「今日は書くぞ」という覚悟をもたなければ書けるものではありません。愛する人への言葉は、あくまでも感謝の言葉を書きましょう。遺された者の重荷とならないような内容にしましょう。

④ 人生をまとめる統合する力を用いる

　歳を重ねるにしたがい確実に体力、知力が衰えてきます。しかし、唯一備わってくる力があるのです。それは、人生を振り返りまとめるという力、統合する力です。

　若いときに経験したことを振り返り、そこに今まで見いだせなかった意味、意義を発見するのです。若いときの経験は、そのときには気がつかないのですが、振り返ってまとめてみると、そこに神さまがなしてくださったことの恵みを感じます。それが、その人の深みとなるのです。ちょうど食物が熟成してうまみを増すように、味わい深くなるのです。

　この統合する力を、これまでの人生の振り返りに用いるのです。人生をまとめていくと、過去から力が与えられます。そして、残された日々をさらに有意義なものとすることができるのです。

　さあ、エンディングノートに進みましょう。書けるところから、まず書いていきましょう。覚悟が必要なところは、自分で「この時に書く」と決めておくのもいいかもしれません。

　呼吸を整え、心を静めて、祈りで始めましょう。

　　　　　　　「私の杯は　あふれています。」　　　　詩篇23篇5節

　あなたの人生は、豊かな神さまからの恵みとあわれみといつくしみでいっぱいに満ちています。

この本の特徴と使い方

① まず、呼吸を整え、祈りをもって始める

自分の人生をまとめ、自分の思いを家族に残す大切な時です。
心を静め、心を整え、神さまからさとり、力が与えられるように祈りましょう。次頁にあるような御言葉を口ずさむことも助けになります。

② 実際に書き込んでいく

このノートは、自分で書き込みができるようになっています。実際にペンを持ち、書いてみてください。もちろん、一日ですべてを行うことは困難です。できるところから始めてみましょう。

③ いつ書くか

人生を整理するためには、体力、気力等さまざまな力と、ある程度の日数を要するでしょう。ゴールデンウィーク、お盆休み、正月などに、あらかじめ予定を立てておくとよいでしょう。自分に対して約束すると、それにともない体も動いていきます。

人生の節目も、エンディングノートを書く良い時となります。定年、還暦、喜寿、古希、米寿等です。教会の仲間といっしょにエンディングノートを書く時をもつのも一つの方法でしょう。

④ 自分の状況に合わせて

このノートには、求められる力、時間のおおよそのところを書いておきました。順番どおりに進むのでなく、自分の状況に合わせて項目を選んで書いていくのも一つの方法です。

自分が召されてから見てほしいページ、召されたときには破いて捨ててほしいページ、生きているときには見ないでほしいページ等、チェックできるようにしてあります。

終活には黙想が助けになります。

黙想は祈りにつながります。

聖書の言葉を参考にしましょう。

① 自分の心に語るという作業があります。私たちの心の中にはたくさんの思い、想いが入っています。その中から良いものを取り出しましょう。静まるとき、その良いものが出てきます。それを待ち望みましょう。

「心の中で語り　床の上で静まれ。」　　　詩篇4篇4節

「私はほめたたえます。助言を下さる主を。
　　実に　夜ごとに内なる思いが私を教えます。」　　　詩篇16篇7節

② 人生を振り返ると、その背後に見えない神の導き、ご配慮があったことに気がつきます。そして、振り返る中で人生の意義を見いだしたり、感謝を発見したりすることができます。

「私は　主のみわざを思い起こします。
　　昔からの　あなたの奇しいみわざを思い起こします。
　私は　あなたのなさったすべてのことを思い巡らし
　　あなたのみわざを　静かに考えます。」　　　詩篇77篇11、12節

「あなたのすべてのみわざに思いを巡らし
　　あなたの御手のわざを静かに考えています」　　　詩篇143篇5節

何もなかったと思うところにも、神さまが共に歩んでくださった跡があり、そこには、豊かな恵みと祝福があります。

「あなたはその年に　御恵みの冠をかぶらせます。
　　あなたの通られた跡には　油が滴っています。」　　　詩篇65篇11節

③ 自分の人生を振り返ることは、しばし立ち止まることかもしれません。立ち止まっていると、神のいつくしみと恵みとが追ってくるのを発見するでしょう。

「まことに　私のいのちの日の限り
　　いつくしみと恵みが　私を追って来るでしょう。」　　詩篇23篇6節

あなたの人生は今、恵みと祝福でいっぱいになっています。

「私の杯は　あふれています。」　　詩篇23篇5節

旧約聖書には、英語のmeditate（黙想）にあたる言葉が3つあります。日本語では、思い起こす、思い巡らす、思いを潜める、静かに考える等に訳されています。それほどに神の前に静まることが大切にされています。私たちの住む社会では、静まることが難しくなっています。まず、体を楽にして、深い呼吸をして、心を落ち着かせ、人生を振り返る時を持ちましょう。この後、自分の人生の記録を書いていきます。それは、単なる自分の歴史を記すだけではなく、自分が成長したこと、今に影響していること、人生の転機となったこと、意義深いこと等を見出します。それが、神さまによって与えられたあなたの大切な人生なのです。

ウオーミングアップ 1　　　　　　　　　　書く時　　いつでも

「人生の下山の時」

人生を山登りにたとえることができます。
あなたは今どこを歩いているでしょうか。
少し考えてみましょう。
「人生の下り」というと、悪いイメージをもちますか。
下りには、登りにはない楽しみがあります。
景色を楽しみ、登って来る人を励まし、
共にいる人と会話を楽しむことができます。
苦しい登りよりも人生を楽しむことができるのです。
ですから、人生で一番良い時はいつでしょうか。
「今」なのです。

Question
質 問

＊ 今の自分の気持ちを、自分自身に問いかけてみましょう。

あなたは人生を　　　☐ まだ上っている。

　　　　　　　　　　☐ 頂上がもうそこ。

　　　　　　　　　　☐ 頂上に到達したところ。

　　　　　　　　　　☐ 下り始めている。

　　　　　　　　　　☐ 旅の最後に来ている。

クリスチャン・エンディングノート | *Warming-up*

＊ これまでのあなたの人生の目標は何でしたか？

　　　　　　　　　　　　　　　　　　　　　　　になることだった。

　　　　　　　　　　　　　　　　　　　　　　　を得ることだった。

　　　　　　　　　　　　　　　　　　　　　　　をすることだった。

＊ これまでのあなたの人生はどのようなものでしたか？

＊ これからの人生で大切にしたいことは何ですか？

＊ やり残していると感じていることはありますか？

＊ これだけはしてみたいこと、ここだけは行ってみたいという場所はありますか？

　　このウオーミングアップ1は、実は難しい質問です。"静まりの心"がないと書けないことがおわかりになったと思います。書けない項目は、人生の振り返りができたとき、ここに戻って書いてみましょう。「生きてきてよかった」と思えるように感謝と恵みを見いだすことが、このエンディングノートの目標です。

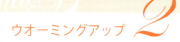

ウオーミングアップ 2

書く時 いつでも

　　　　自分自身について書いてみましょう。
　　　これから心の深い部分のことも書いていきます。
　　　その前に、自分のことについて、好きなこと、
　　　　誇れること等について書いてみましょう。
　　　これは、あなたに与えられた「宝」となるものです。
　　　　あなたの家族も知らないことがあります

名　前：　　　　　　　　名前の由来：

血液型：

本　籍：

誕生日：

＊＊＊＊＊＊　自分の宝となるものを記してみましょう。　＊＊＊＊＊＊

資格、免許：

趣味、特技：

好きな音楽：

好きな食べ物：

クリスチャン・エンディングノート | *Personal*

好きな料理：

人生最後の夕食のメニュー：

好きな本、作家：

尊敬する人：

好きな花：

好きなスポーツ：

自分の性格で好きなところ：

自分の能力で良いと思っていること：

自分が選んだこと、決断したことで良かったこと：

自分の家族の誇れること：

これまで続けていること、努力していること：

これまでの人生で誇りと思えること：

家庭の中で工夫していること：

好きな言葉、自分の支えとなった言葉：

自分が幸福だと強く感じた瞬間：

あなたは人生で迷ったこと、悩んだこと、苦しんだことがあったでしょうか。
今振り返ると、それらを通して、自分が成長したことを発見できるでしょう。
「苦しみにあったことは　私にとって幸せでした。
それにより　私はあなたのおきてを学びました。」　　詩篇119篇71節

セクション **1**

> 必要なもの　体力　気力　思いきり
> いつしますか？（　　／　　／　　）

この地上の自分の整理
≫≫≫ 物の整理は心の整理

　この章は、自分のことを書き込むのではなく、何を整理するのか、いつそれを行うのか、そして、整理が終わったときにチェックできるようになっています。健康寿命（医療・介護に依存しないで、自立した生活ができる生存期間）は、男性は70歳（平均寿命80歳）、女性は74歳（平均寿命86歳）と言われています。いつかではなく、元気なうちに取りかかりましょう。

・物置は八分目にしましょう。詰め込むと、奥の物が出せなくなります。
・収納のための物入れは買わないようにします。物入れを買うとまたそこに入れてしまいます。今は処分の時です。
・物の整理は心の整理につながります。物を捨てると心がすっきりします。物が捨てられないのは、私たちの執着心が問題なのです。
・可能なら人の助けを借りましょう。

✳ 整理するところはどこですか？　　始める日付　　終わったらチェック

押し入れ	年　月　日	☐
物　置	年　月　日	☐

✳ 整理する部屋はどこですか？

リビング	年　月　日	☐
書　斎	年　月　日	☐
台　所	年　月　日	☐
寝　室	年　月　日	☐
子ども部屋	年　月　日	☐

① 衣料（現在使っていないものは今後も使いません。思い切って処分しましょう。）

	始める日付			終わったらチェック
	年	月	日	☐

② 布団

	年	月	日	☐

③ 本、書類

	年	月	日	☐

④ 押し入れに眠っている物

　進物品（タオル、シーツ等）贈答品、壊れていないで使わない電気製品。

	年	月	日	☐

　学校の古い卒業写真アルバム。

	年	月	日	☐

⑤ コレクションの整理

　贈呈したい人がいる場合

　私が召されたときには、

　・　　　　　　　　　　を　　　　　　　に差し上げます。

　・　　　　　　　　　　を　　　　　　　に差し上げます。

　・コレクションの　　　　は　　　　　　　に処分をお願いします。

	年	月	日	☐

セクション 2

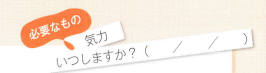

写真の整理

▶▶▶ 思い出を記録にしましょう

物の中で一番整理が難しいものです。
一つのアルバムにまとめられるといいでしょう。
説明があると、子どもたちもわかります。
最近は写真をたくさん撮るので、良いものだけを残しましょう。

✳ いつ整理しますか。

　　　　　　　　　年　　　月　　　日　　□

✳ 自分の葬儀の写真を準備しましょう。（できたら、この本に挟んでおきましょう。）

　写真候補がある場合、いつ、どこで撮影した写真か記しておきましょう。

候補写真①

　場所：

　日時：

候補写真②

　場所：

　日時：

✳ 良い写真がなければ、写真館で、またはだれかに撮ってもらいましょう。

17

葬儀用の写真を貼るページ

セクション **3**

必要なもの
静かな場所、瞑想、黙想する静まりの心
書きやすいペンまたは愛用のペン

心の整理 ➢➢➢ これからの人生を前向きに進ませます

☐ この章は見ないで、切って処分してください。

あなたの人生は神が与えられた、すばらしいものでした。
しかし、失敗もあり、後悔もあるでしょう。
神はすべてのことを働かせて益としてくださいます。それを信じて、
過去を神にゆだねましょう。もし、今示されることがありましたら、
書いてみましょう。そして、実行できるようにも祈りましょう。

＊ 会って話さなければならない人

＊ 感謝を伝えるべき人

＊ 謝らなければならない人

＊ しなければ後悔すること

19

さらに深い心の整理を

自分の罪を、暗号でも記号でも結構です。ここに記して神の赦しを求めましょう。

神はどんな罪も赦してくださいます。

「御子イエスの血がすべての罪から私たちをきよめてくださいます。」ヨハネの手紙第一1章7節
あなたの罪はすべてイエスさまの十字架で赦されています。
「主よ　まことにあなたは
いつくしみ深く　赦しに富み
あなたを呼び求める者すべてに　恵み豊かであられます。」　　詩篇86篇5節
神の赦しを信じましょう。神はあなたそのまま受け入れ、愛してくださいました。
後悔で自分を縛るのではなく、自分をそのまま受け入れ、自分も赦しましょう。

セクション 4

必要なもの　調べるための根気

財産の整理 ➢➢➢ 自分が天に持って行けないもの

私たちは、神からこの地上で財の管理を任せられているという考えから、
何を、どのようにしたいのかを記しておきましょう。

＊自分に与えられた財をどのように使うかを考えましょう。

1. あなたは何歳まで生きるかの目標、またはイメージを考えてみましょう。

　　　目標　　　　　歳まで生きる

2. それまでの生活設計はできていますか。資産と収入を考えて生活ができるでしょうか。

・何歳で引退ですか。

　　　　　　　　　　　　　　　　　　　　　　　歳で引退

・年金は何歳からどれくらいもらえますか。または、どれくらいもらっていますか。

　　　年金額　　　　　　　　円　　　　　　　から受給

・何歳まで働くことができると思いますか。

　　　　　　　　　　　　　　　　　　　　　　　歳

21

・退職金はどれくらい考えられますか。

　　　　　　　　　　　　　　　　　＿＿＿＿＿＿＿＿＿＿＿＿円

・家のローンは何年残っていますか。

　　　　　　　　　　　　　　　　　＿＿＿＿＿＿＿＿＿＿＿＿円

・毎月の生活費はどれくらいですか。家の家賃はどうですか。

　　　　　　毎月＿＿＿＿＿＿＿＿＿＿＿＿円、　家賃＿＿＿＿＿＿＿＿＿＿＿＿円

・自由になるお金をどれくらいに考えていますか。

　　　　　　　　　　　　　　　　　＿＿＿＿＿＿＿＿＿＿＿＿円

・住む家はどのように考えていますか。

3. 子どもたちに相続することを考える

銀行名	支店名	預金種類	口座番号	残高	キャッシュカード有無	届け出印 ○	備考

※届出印のところに印を押しておくと便利です。

必要なもの 調べるための根気

4

株式、有価証券/国債、投資信託会員権 （現在、株の証券は電子化されています。）

証券会社	名義人	種類	評価額	株数	備考

貸付金

ローン

5. 不動産について

不動産 / 役所の固定資産

種類	所在地	面積	現況	評価額	権利書の場所	備考
土地						
建物						

※土地建物の権利書、登記簿謄本をとっておきましょう。

　毎年送られてくる固定資産税の納税通知書には、課税明細書があり、その中に「価格」もしくは「評価額」という欄があります。それが所有されている不動産の固定資産評価額になります。手もとにない場合には、役所で発行してもらえます。

必要なもの　調べるための根気

6. 年金保険

年 金

契約者名	保険会社	保険の種類	証券番号

保 険

保険会社				
証券番号				
種類				
期間				
契約者名				
保証額				
備考				
受取人				

クレジットカード

カード名	会社名	カード番号	返済日

なお、私の葬式には、＿＿＿＿＿＿＿＿＿＿＿＿＿＿＿＿＿＿＿＿＿から使ってください。

必要なもの　調べるための根気

7. 不動産　法定相続人は

・相続について、遺言は用意しますか。　　　　　Yes　　　　　No

・遺言はどのように保管しますか。

・遺言執行人をお願いしますか。　　　　　　　　　　　　　　にお願いします。

8. 後見の希望

あなたがひとりで生活し認知症になった場合、財産の管理が難しくなります。
そのときは、後見人をお願いしますか。

希望する。☐

する場合は　　　　　　　　　　　　　　　にお願いする。

　自分に任せられている財をどのように貯めるかではなく、どのように使うかが大切です。2800年前に書かれた旧約聖書に、相続についての注意が書かれています。
　「急に得た財産は減るが、少しずつ集める者は、それを増す。」　　箴言13章11節
　「初めに急に得た相続財産は、終わりには祝福されない。」　　箴言20章21節
　高齢者の傾向は、自分は節約して、できるだけ多くのものを子どもたちに遺すことが良いことだと考えています。しかし、子どもたちは急に多くのものを相続すると、それをうまく取り扱うことができません。子どもたちが相続で争うことが予想されるようでしたら、遺言を用意しておきましょう。

セクション 5

自分の最期の時の準備

現在日本人の死因は——

第1位　がん 30％

第2位　心疾患 16％

第3位　脳血管疾患 11％

心疾患、脳血管の病気は突然やって来るもので、
対応が遅れれば死に至ります。
第1位のがんは、日本人の2人に1人がなる確率の病です。
そして、10人のうち3人ががんで亡くなります。
がんになるおそれは誰にでもありますが、がんですぐ死に至ることは
まれで、最期の時の準備ができます。
しかし、実際は病気の治療、死の受容などに心が遣われ、
このようなノートを書くことが難しくなります。
誰にでも最期の時は来ます。思い切って書いていきましょう。

1. あなたの気持ちの予想

がんの宣告を受け、余命3か月だと言われたとします。

＊あなたは残された時をどのように過ごしたいと思いますか。

（場所・したいこと・誰と）

クリスチャン・エンディングノート | *Ending*

* あなたは、どのようにしてこの状況を受け入れようと思いますか。

* あなたはどのような思い、感情を抱いて世を去りたいでしょうか。自由に書いてみましょう。

私が入院したときには読んでください

終末期医療について自分の希望を書いておきましょう。

* **がんなど完治しない病になった時の告知**

- ☐ 病名、余命とも正確に話してほしい。
- ☐ 病名のみを話してほしい。
- ☐ 病名、余命とも話さないでほしい。
- ☐ その他

* **延命治療について**

- ☐ 苦痛が続き、助かる見込みがなくなっても、できるかぎりの延命処置をしてほしい。
- ☐ 助かる見込みがなくなったら、延命のための処置は不必要。
- ☐ 必要最小限以外の延命処置を望まない（人工呼吸器、胃瘻(いろう)、点滴）。

自分の希望（　　　　　　　　　　　　　　　　　　　　）

クリスチャン・エンディングノート | *Terminal care*

＊臓器提供について

　　　　臓器提供意思表示カードを持っていますか。

　　　　□ 持っていない　　□ 持っている（場所は　　　　　　　　　　）

　自分の希望（　　　　　　　　　　　　　　　　　　　　　　　　　）

＊介護の希望について

　もし寝たきりになったら、介護をどこで受けたいか。

　　　　□ 介護施設の整った施設、病院に入る。

　　　　□ 自宅で介護保険を使って生活をする。

　　　　□ 家族、親族に任せる。

＊終の棲家（ついすみか）について

　ひとりになったらどうするか。

　　　　□ 最後まで自分の家に住む。

　　　　□ 子どもと一緒に住みたい。

　　　　□ 施設に入りたい。

セクション 6

必要なもの　想像力

自分の葬儀、埋葬の準備

もし今日あなたが召されたら、通常３日後に葬儀となります。
遺族は短時間でその準備をしなければなりません。
あなたが召されたときに、家族はまずこのセクションを見ます。
希望を書いておくことによって
遺された者は本当に助けられるでしょう。

＊ 葬儀の希望

これまでの一般の葬儀のように、前夜式→告別式→火葬

家族葬パターン１　　家族で偲ぶ会→告別式→火葬

家族葬パターン２　　告別式→出棺式→火葬

直葬パターン　　　　安置（自宅/葬儀社）→火葬場で簡単な告別の時をもち、火葬

※火葬が終わり、自宅や料理店、ホテルで会食をするパターンが多いようです。葬儀社の会場を使う場合、会食もここで勧められます。

あなたは、どのようなパターンを希望されますか。

希望する葬儀社

クリスチャン・エンディングノート | *Ending Creation*

* 葬儀での、あなたの希望を記しておきましょう。

・花飾り _____

・規模 _____

・色等 _____

お花料の受け取り

・受け取る ／ 葬儀の費用に

・献金する　（_____に）　・辞退する

返礼品の希望 _____

写真はありますか。　　☐ ある　　　　　☐ なし

そのほかの希望

_____

_____

_____

賛美歌 _____

希望の音楽 _____

説教、演奏、証し、挨拶してほしい方の希望がありますか。

_____

_____

_____

その他の希望 _____

音楽葬にしてほしい、自分史を紹介する、写真を動画で映す、趣味のものを展示する。

必要なもの　想像力

葬儀の案内をどこまで知らせますか。

親戚 _____

教会 _____

近所 _____

友人 _____

サークル、趣味の会 _____

仕事関係 _____

* **埋葬の希望**

お墓の希望 _____

家の墓、　新しく作る、　教会共同墓地

その他 _____

散骨（どこに）_____　（どのように）_____

* **記念会の希望（1年後記念会はしますか）**

　　☐ する　　　　☐ しない

どのようにしてほしいでしょうか。
_____

その後の希望はありますか。
_____

セクション

必要なもの　自分の手帳、記録したノート、静かな場所

自分の人生の記録

➤ ➤ ➤　自分と家族のために残すこと

自分の人生の年表を書いてみましょう。
この年表の作成が、自分の人生のわかりやすい記録になります。
付記には、今振り返ってこれまでの人生に感謝を見出し、
そこにどんな意義があったかを記していきましょう。

1. 自分の年表

年号	年齢	主な出来事	付記
年	0歳	で生まれる	

年号	年齢	主な出来事	付記
年	歳		

必要なもの　自分の手帳、記録したノート、静かな場所

年号	年齢	主な出来事	付記
年	歳		

2. 自分にとって重要な出来事を書いてみましょう。

幸せだと感じたことは何ですか。

この家族で良かったなあと感じたことは何ですか。

3. 自分の両親のことを書きましょう。（あなたの子どもたちのためにも。）

父について

出生地	
仕　事	
人　柄	
良い思い出	
尊敬できること	

母について

出生地	
仕　事	
人　柄	
良い思い出	
尊敬できること	

4 ブログ、フェイスブック、SNSを使っていますか。

ウェブ／ID	パスワード	希望／閉鎖、削除を希望する場合はここに

5. 家系図

※「法廷相続人」は二重線で囲まれている範囲です。
※配偶者は常に相続人となります。
　その次は下記となります。

第1順位…子またはその代襲者
第2順位…直系尊属（被相続人の両親など）
第3順位…兄弟姉妹またはその代襲者

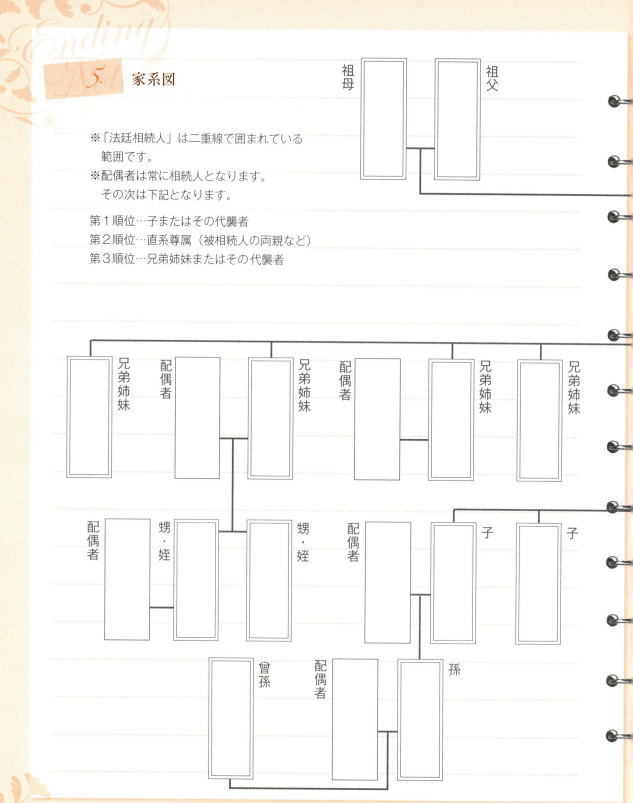

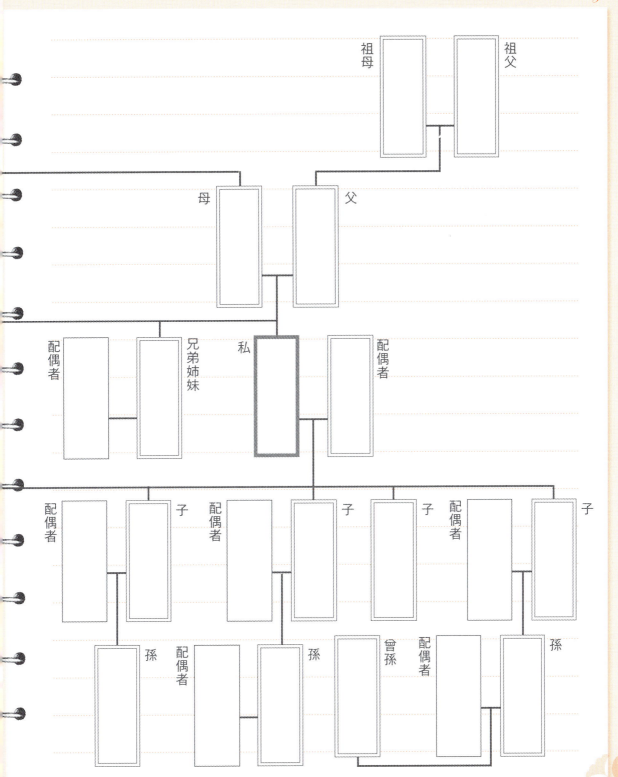

セクション 8

書く時　いつでも

簡単な自分史を作ってみましょう

➤➤➤ 自分の歴史です。信仰の証しを残せます

自分のことを地上には残さないという考えもありますが、
あなたの人生は、神が与えてくださったものです。
ここは自分史を作る準備のコーナーです。
このページでは十分なスペースがありませんので、
別のノートに書いていきましょう。

＊ 思い出の写真を用意しましょう。

1．幼少時代の出来事⇒

2．学生時代の出来事⇒

3．新婚時代の出来事⇒

4．子どもとの時代の出来事⇒

5．社会人時代の出来事⇒

6．教会での出来事⇒

自分の信仰生活について

* 初めて教会に行ったのはいつですか。

　　　　　　　　　　　　　　　年　　　月　　　日

* どんなことがきっかけでしたか。

* 信仰をもったのはいつですか。

　　　　　　　　　　　　　　　年　　　月　　　日

　　　　　　　　　　　　　　　年　　　月　　　日　受洗

* これまでどの教会に出席されましたか。

* 自分の信仰生活で大事にしてきたことは何ですか。

* 好きな聖書の御言葉は何ですか。

セクション 9

必要なもの 最後に伝えたいことを書く覚悟

大切な人への挨拶

➤➤➤ お世話になった方、愛する人への言葉を

> 主イエスの恵みが、あなたがたとともにありますように。
> 私の愛が、キリスト・イエスにあって、
> あなたがたすべてとともにあります。
>
> コリント人への手紙第一　16章23、24節

* 大切な人に最後に何を伝えたいでしょうか。
自分が死んだ時のことを考えて、一番伝えたいことを書かなければなりません。覚悟が要ります。

「ありがとう」を伝えたい人へ（ありがとうメッセージを）

To

_____
_____
_____
_____
_____

From

　このメッセージは、受け取る人の負担にならないように、あくまでも感謝を伝えるものです。このひと言は、遺された者の心に平安を残すことになり、最高の贈り物であり、最大の遺産になります。

葬儀の時の挨拶／葬儀に来てくださった方にお礼の言葉を

To

From

日 付

コピーして配ってください。　□

家族へ伝えたいこと／一番大切な人への言葉

To

From

日 付

子どもたちには、感謝の言葉を、そして、パートナーには、結婚して幸せだったことを伝えましょう。残された者の心を救う言葉になります。

最後の最後

- このノートの置き場所を考えましょう。せっかく書いたのにあなたが召されたときに、遺された者の目にとまらなければ、書いたことが活かされません。

- このノートに必要なことを書いたことを伝え、もしもの場合に発見できる場所に置いておきましょう。そのために、表紙または背表紙に「大切なもの」「もしもの時に」等の言葉を書いておきましょう。

- ノートを更新した場合に、その日付も入れておきましょう。あなたの希望が活かされるように。

- このノートをがんばって書いたことをお祝いしましょう。誰かとレストランでおいしい食事をする、花を買って飾る、記念品を買う、旅行に出る等、残りの人生が祝福されたものとなることを祝って。

> 私の杯は　あふれています。
> 　まことに　私のいのちの日の限り
> いつくしみと恵みが　私を追って来るでしょう。
>
> 詩篇23篇5、6節

水野　健（みずの・けん）

石川県金沢市出身。
東京理科大学、聖書宣教会卒業後、千葉県の流山福音自由教会、福岡福音自由教会、枚方コミュニティ・チャペル牧師を経て、現在、フリーで各教会を巡回し奉仕中。講演、セミナーなどのご依頼はメールにて受付。KHF05412@nifty.com
日本カウンセリング学会会員、表千家茶道教室講師。社会福祉法人ミッションからしだね評議員。
著書に、『増補改訂 結婚を考えている二人のために』『増補改訂 夫と妻のしあわせづくり』『愛する人と自分のためのキリスト教葬儀』『キリスト教の終活・エンディングノート』(以上、いのちのことば社) がある。

聖書 新改訳2017© 2017 新日本聖書刊行会

クリスチャン・エンディングノート〔ガイド付〕

2018年6月10日　発行
2023年8月1日　4刷

編　著	水野　健
装丁&デザイン	吉田葉子
印刷製本	日本ハイコム株式会社
発　行	いのちのことば社

〒164-0001　東京都中野区中野2-1-5
Tel.03-5341-6924（編集）
　　03-5341-6920（営業）
Fax.03-5341-6921
e-mail:support@wlpm.or.jp
http://www.wlpm.or.jp/

© Ken Mizuno 2018
Printed in Japan
乱丁落丁はお取り替えします
ISBN978-4-264-03912-9